# RÉPONSE

## AUX CALOMNIES

CONTRE

## LOUIS XVIII ET MONSIEUR,

*Que M. X. a fait insérer dans le Tome VI du Censeur.*

# RÉPONSE

## AUX CALOMNIES

CONTRE

# LOUIS XVIII ET MONSIEUR,

*Que M. X a fait insérer dans le Tome VI du Censeur.*



---

L'AUTEUR d'un article intitulé : *Des causes secrètes des excès de la révolution française*, signé X, et inséré dans le tome VI du Censeur s'est proposé « d'éclairer d'un jour nouveau la » partie souterraine de la révolution française » dont jusqu'à présent on n'avait vu que la » surface (1) ; de découvrir ce que tout le » monde ne connaît pas, ce qui n'a été ap-» perçu que par un petit nombre d'hommes ;

(1) Censeur, tome 6, page 65.

» que pour faire rétrogader le progrès des » lumières, et prévaloir l'ancienne et insou- » tenable forme du gouvernement, les parti- » sans des institutions barbares, les ennemis » déclarés de la liberté et du bonheur public, » en un mot les chefs des Français émigrés » sont les principaux auteurs de tous les excès » que l'on reproche à la révolution, les ins- » tigateurs des dissensions civiles, des assas- » sinats, des maux nombreux qui en ont si- » gnalé le cours.

» Si j'y parvenais, continue-t-il, j'aurais dé- » couvert une vérité dont l'existence, soup- » çonnée par quelques hommes, est généra- » lement méconnue ; je détruirais des erreurs » très-accréditées ; j'absoudrais les principes » de la révolution des crimes qu'on leur im- » pute ; je répandrais sur son histoire une lu- » mière nouvelle, et j'indiquerais à ceux qui » entreprendront de l'écrire, une mine qui n'a » pas encore été exploitée (1) ».

Un travail approfondi sur les causes d'une révolution qui ne ressemble à aucune de celles dont l'histoire a recueilli les faits ; d'une ré-

(1) Censeur, page 4.

volution dont tous les évènements ont démenti la sagesse et la prévoyance des hommes ; à laquelle il fut donné de réunir avec une inconcevable rapidité, tout ce qu'on pouvait connaître et même concevoir d'extraordinaire dans les crimes et la férocité des bourreaux, comme dans la vertu et le courage des victimes; dans la gloire extérieure, comme dans la honte intérieure ; dans les excès de la plus furieuse démagogie, comme dans ceux du plus audacieux despotisme; un tel travail m'a toujours paru ne pouvoir être entrepris utilement dans un moment, où tant de passions forment encore un prisme à travers lequel chacun considère ces causes, suivant la disposition particulière de son esprit.

L'histoire ne peut-être bien écrite, a dit un des plus ingénieux écrivains de l'antiquité (1), « par ceux qui pensent à leur in-
» térêt particulier, à l'utilité secrète qu'ils es-
» pèrent en retirer. Il faut que l'écrivain par-
» faitement libre dans ses jugements ne soit
» touché ni de crainte, ni d'espérance, et qu'on

---

(1) Lucien : *De quelle manière on doit écrire l'histoire.*

» ne puisse le soupçonner d'ajouter aux évè-
» nements par haine ou par considération ».

On pourrait dire encore qu'il faut surtout que cet écrivain n'ait, ni sur la conscience, ni dans sa mémoire, d'avoir pris une part active à quelques-uns de ces tristes évènements dont le souvenir le poursuit à chaque instant, et plus éloquent que tous les sophismes, lui dit tout bas, que cette action est crime, quel que soit son intérêt à l'ériger en devoir ou en justice.

Mais s'il est difficile de démêler et de découvrir les causes véritables de la révolution française, l'est-il autant, de montrer que *telle* cause indiquée par *tel* écrivain n'est pas vraie ; que *tel* évènement n'a point eu l'auteur qu'on lui attribue ? Si l'on ne peut montrer toutes les vérités, n'est-il pas possible au moins de détruire quelques erreurs ?

Mr. X, tout en paraissant discuter plusieurs points distincts, s'arrête avec une prédilection, une étendue, un soin qui montrent assez que son travail entier était dirigé vers ce but unique, à établir que les princes français, Louis-Stanislas-Xavier (actuellement Louis XVIII), et Charles-Philippe (actuellement Monsieur), sont les instigateurs, les seuls et véritables auteurs de la mort de Louis XVI.

La lecture de son écrit ne m'a pas convaincu. Je n'ai pu me rendre à aucun de ses raisonnemens, parce que, lorsqu'il s'agit d'histoire, les preuves vont avant les jeux de l'imagination et les subtilités de la dialectique. Conduit par le desir et le besoin de m'éclairer, à vérifier les pièces qu'il cite, j'ai acquis la conviction que les unes étaient fausses, les autres dépourvues de toute crédibilité, d'autres étrangères à la question, d'autres enfin évidemment altérées dans l'usage qu'il en fait.

J'en ai conclu que les princes qu'il accuse étaient innocents ; et devant supposer qu'il avait écrit, par le *seul amour de la vérité* (1), le même sentiment me porte à réfuter cette partie de son ouvrage.

La postérité, aux yeux de laquelle les rois sont dépouillés de ces prestiges qui en imposent aux contemporains, frémira du meurtre dont nous avons gémi ; elle désirera savoir si ce crime, déjà si odieux par tous les accessoires qui ont rendu plus douloureuse l'agonie

(1) Censeur, page 139.

d'un roi que, deux ans avant, son peuple avait proclamé *restaurateur de la liberté ;* si atroce par cette réunion de circonstances qui ont réuni dans quelques hommes audacieux les fonctions d'accusateurs, de juges, de bourreaux (1), n'a pas encore un degré d'atrocité de plus, par la qualité du principal instigateur.

La postérité à qui on ne fera pas croire que Louis XVIII n'a point occupé le trône de France, puisque pendant onze mois les lois et tous les actes de l'autorité publique ont porté son nom : qui verra ces statues, ces gravures dans lesquelles la plus douce bienveillance se peint sur la plus heureuse physionomie ; ces adresses où le sentiment semblait avoir épuisé toutes les formes du langage pour exprimer la joie et la reconnaissance nationales ; ces réponses qui ne respiraient qu'amour, bonté, effusion de tendresse, si rares dans la bouche des coupables de grands crimes ; la postérité sera peut-être tentée de juger le cœur par la figure, et la

---

(1) Expression de *Kersaint*, député à la Convention, lors du procès de Louis XVI.

conscience, par les discours. En lisant le récit de cette séance (1) dans laquelle l'émotion du monarque fut si marquée et ses larmes si visibles, lorsqu'au milieu de la plus auguste assemblée, tenant à la main les dernières volontés du juste immolé, il promettait comme lui d'oublier et d'aimer, la postérité demandera si cette émotion ne fut pas feinte, si ces larmes furent celles du sentiment.

Mr. X. et moi nous avons l'intention de l'instruire; l'un et l'autre nous examinons pour elle et comme ses rapporteurs cette question :

*Les frères de Louis XVI, et surtout Louis-Stanislas-Xavier, ont-ils été auteurs ou instigateurs de la mort de leur frère, de leur roi?*

Mr. X en l'assurant, croit avoir *découvert des choses nouvelles ;* il n'a cependant rien fait autre chose que de mettre en un français un peu plus élégant et d'assaisonner de quelques déclamations anti-royales une brochure intitulée : *Correspondance de ouis XVIII avec le duc de Fitz-James*, etc., qui a paru au

---

(1) Séance royale du 4 juin 1814.

mois d'avril 1815. L'écrit de M[r]. X. est du mois de juin suivant. La postérité appréciera le choix du moment.

L'auteur de la *Correspondance* n'est à son tour que le copiste, 1° d'une pièce qu'en 1797 le directoire exécutif fit insérer dans le Moniteur (1) comme trouvée chez Durand de Maillane, qui avait été député à l'assemblée constituante et à la convention; 2° de lettres attribuées à Louis-Stanislas-Xavier, qu'on lit dans un roman intitulé : *Les prisonniers du Temple*, dont M. Regnault-Warin est auteur (2).

La première de ces pièces, ouvrage d'un anonyme, et n'offrant aucune preuve à l'appui des allégations qu'elle contient, avait été oubliée presque aussitôt que rendue publique, comme on le verra dans la suite.

Dire que les autres font partie intégrante d'un roman où l'auteur ne les offre point comme *pièces justificatives*, mais comme une des fictions dont se compose cet ouvrage d'imagination, c'est avoir prononcé d'avance

---

(1) Moniteur de l'an VI, n° 200.

(2) Tome 1, page 62 et suiv.

le jugement que les lecteurs impartiaux porteront de l'usage qu'en fait Mr. X.

Telles sont cependant les sources dans lesquelles il a puisé les accusations que je vais transcrire.

*Premier chef d'accusation.*

« Louis-Stanislas-Xavier ( MONSIEUR ) avait » formé avant la révolution et l'assemblée des » notables, le projet d'envahir l'autorité su- » prême au préjudice du roi son frère (1). Il » est l'auteur du dépôt de pièces qui fut fait » au parlement de Paris, lors de l'assemblée » des notables, par le duc *de Fitz-James*, au » nom des ducs et pairs du royaume. Ces » pièces mensongères avaient été forgées dans » un conciliabule, pour priver les enfants du » roi de l'héritage de leur père. La couronne » devait passer aux enfants du comte d'Ar- » tois (2). »

*Deuxième chef d'accusation.*

« Ainsi disposé à tout tenter, même à sa-

(1) Censeur, page 54.

(2) Censeur, page 55.

» crifier les intérêts de Louis XVI son frère, » et l'honneur de la reine pour atteindre le » but qu'il ambitionnait, MONSIEUR a continué, » avec les mêmes dispositions, de projeter, de » conspirer, et d'effectuer une insurrection » contre le roi, par l'intermédiaire de M. de » Favras (1).

*Troisième chef d'accusation.*

» On peut donc, sans être téméraire, pré- » sumer que MONSIEUR, avec plusieurs nobles » émigrés, conspirait la perte du roi son » frère, et que les émissaires qui se succé- » daient sur les routes de la France à Co- » blentz, n'avaient d'autres objets que de dé- » terminer, de hâter les émeutes parisiennes, » les insurrections du 20 juin, du 10 août, » l'arrestation, le procès et la mort de Louis » XVI (2).

» La cour de Coblentz parvint, par l'entre- » mise de Dumouriez, à faire consentir le roi » de Prusse au sacrifice de Louis XVI (3).

» Des lettres de MONSIEUR à son frère le » comte d'Artois achèvent de prouver que la

(1) Censeur, page 57.

(2) Censeur, page 59.

(3) Censeur, page 61.

» mort de Louis XVI fut en partie leur ou-
» vrage, et devint pour ces deux princes un
» sujet de joie, plutôt que d'affliction (1) ».

Qu'on lise les cent quarante pages de Mr. X, je mets au défi d'y trouver aucune autre assertion relative à l'accusation que je discute, et je ne crains pas qu'on m'accuse de les avoir affaiblies.

Examinons-les successivement.

### *Premier chef.*

Le projet qu'on prête à Louis-Stanislas-Xavier d'éloigner du trône, en contestant leur naissance, les enfants de Louis XVI, serait un crime affreux, par lui-même, quand il n'aurait été question que de simples particuliers, bien plus affreux par ses suites politiques, puisque l'hérédité du trône est la sauve-garde du bonheur des peuples.

Plus ce crime serait grave, plus, ce semble, aux yeux de tout homme impartial, les preuves doivent être évidentes.

Or, quelles preuves produit-on?

Jusqu'au moment où le directoire fit publier l'écrit prétendu trouvé dans les papiers de Du-

(1) Censeur, page 64.

rand-Maillane, personne n'avait parlé de ce projet. Cependant, que d'occasions s'étaient présentées !

Louis-Stanislas-Xavier quitta la France en 1791. Dès avant ce temps, il avait été l'objet des attaques et des déclamations injurieuses des *Carra*, des *Gorsas*, des *Marat*, et de quelques autres folliculaires, moins grossiers, sans avoir été moins méchants, que je ne nomme point, parce qu'ils existent encore. Elles ont redoublé depuis son départ.

Ce *conciliabule*, où l'on avait forgé les pièces, ce *dépôt* fait par le duc de Fitz-James, avaient donc été tenus bien secrets pour qu'on les ignorât en 1792; pour que l'assemblée législative, si empressée d'obtenir que Louis XVI sanctionnât la loi contre les émigrés, dans laquelle ses frères étaient compris, ait omis, elle qui n'a pas épargné les amertumes à ce malheureux monarque, de lui révéler ou de lui rappeler que ses frères étaient indignes de sa tendresse, de ses ménagements, qu'ils avaient conspiré contre lui ?

Dans les discussions de la convention nationale, relatives au roi et à sa famille, MONSIEUR et le comte d'Artois furent peints souvent sous les plus odieuses couleurs. La proposition de mettre leur tête à prix fut faite à plusieurs reprises par Marat, Danton et Robespierre (1). Jamais cependant on ne leur attribua le projet criminel de détrôner leur frère.

Ces déclamations continuèrent après la chute de Robespierre, qu'on prétend avoir été leur agent. La proclamation que Louis XVIII fit aux Français en 1795, l'affaire de Quiberon, les troubles de vendémiaire, furent autant d'occasions que n'auroient pas dû négliger, sans doute, les meneurs de la convention; ils en auraient tiré un grand avantage; car quoi de plus révoltant pour un peuple généreux que d'obéir à l'assassin d'un prince qu'il aimait ?

Les mêmes occasions se renouvelèrent fréquemment sous le directoire, notamment lors de la conspiration royale de *Brottier*, etc.; toujours même silence.

Il y a plus : depuis que l'écrit trouvé dans les papiers de Durand-Maillane, a été rendu public, aucun orateur n'en a fait usage dans ces grandes occasions où l'on voulait exciter le peuple à la haine des rois, et surtout des rois

---

(1) Moniteur de 1793, nos 104, 105, 122.

du sang de Bourbon ; dans ces discussions de l'an VII, tendantes à déjouer les projets du royalisme et arrêter les révoltes de l'ouest ; aucune proclamation n'a révélé aux Français, n'a dénoncé à ceux des souverains de l'Europe qui accueillaient et reconnaissaient Louis XVIII, ces crimes qui l'eussent rendu si justement indigne de leur attachement.

Chose inconcevable ! Les directeurs accusaient Louis XVIII de la mort de Louis XVI, et chaque année dans leur fête du 21 janvier, ils se félicitaient d'avoir offert, volontairement, cet holocauste à la liberté !

Sous le Consulat, une proclamation parut le 7 nivose an VIII, pour engager les Vendéens à reconnaître la république, et les détacher de la cause des Bourbons. On y accusait ces princes de n'avoir pas su honorer leur infortune par le courage (1) ; on ne leur reproche aucun des crimes énoncés dans l'écrit que le Directoire avait publié deux ans avant.

George et autres furent accusés d'avoir conspiré en faveur de Louis XVIII ; ce procès donna lieu à une quantité considérable d'écrits, que

(1) Bulletin des lois, 2e série, B. 342.

le gouvernement répandait avec profusion, et les Bourbons n'y étaient pas peints sous des couleurs favorables (1) ; mais pas un mot des crimes, dont parle Mr. X.

En l'an XII, Louis-Stanislas-Xavier proteste contre l'acte qui avait déclaré Napoléon empereur ; le journaliste officiel tourne en ridicule une protestation que ne soutiennent pas 200,000 hommes ; se fût-il contenté de cette plaisanterie, s'il avait cru que l'auteur de la protestation était un monstre coupable des plus grands crimes de la révolution et couvert du sang royal?

Mais, dit Mr. X., l'écrit a été trouvé chez Durand-Maillane ; il ne l'a pas nié (2).

Qu'en conclure ? Que les faits qu'il énonce sont vrais ? Ce serait trop absurde. Tout ce que pourrait faire la plus grande confian cedans la véracité du Directoire, serait de ne pas le supposer fabricateur de la pièce.

Invoquera-t-on la probité, la véracité connue de Durand-Maillane? Mais on n'a jamais dit qu'il fût auteur de l'écrit ; il l'a reçu anonyme.

---

(1) *Montgaillard*, Mémoire concernant la trahison de Pichegru, Moreau, etc.

(2) Censeur, page 72.

Convaincu sans doute, comme tout homme de bien, de la fausseté des allégations, il n'a eu aucun égard à l'invitation de le publier, que l'anonyme lui adressait en intéressant son amour propre. Ainsi la réputation de probité, de véracité, dont jouissait Durand-Maillane, devient précisément un préjugé contre la pièce, eût-elle été trouvée chez lui.

M^r^. X. ajoute que des lettres de Louis-Stanislas Xavier prouvent d'un manière incontestable le récit fait par l'anonyme (1).

M^r^. X., a-t-il bien fait attention à la source dans laquelle il a puisé? Croit-il qu'on puisse sérieusement offrir, comme des preuves historiques, les lambeaux d'un roman? Est-ce avec des romans qu'un homme *impartial* compose les notes destinées à révéler des *vérités nouvelles, à détruire des erreurs accréditées?*

M^r^. X prend donc aussi, et veut que l'histoire prenne pour faits incontestables, tous les autres évènements, toutes les autres pièces de ce roman? Qu'elle croye que sous le règne de Robéspierre, le duc d'Angoulême, héros du roman, est venu en France appelé au trône

(1) Censeur, page 63.

de France, par une lettre du roi Georges, que l'on y transcrit aussi (1), sans doute comme un monument authentique de la diplomatie anglaise, lettre par laquelle, ce roi d'Angleterre déclare que *ceux qui ont conspiré contre la sûreté, vie et puissance du feu roi, se sont par-là même exclus de la ligne d'hérédité à la couronne, le tout en interprétant les lois fondamentales de l'état de France et les capitulaires de Charlemagne;* que le duc a figuré dans une bataille sur les côtes de la Basse-Bretagne; que trahi, par les Anglais, il s'est précipité à la mer pour éviter le feu des républicains (2); qu'il a été retiré des flots et rappelé à la vie, puis caché, puis converti au républicanisme, par un curé, Bas-Breton (3), qui ne se trouve rien moins, au dénouement, qu'un évêque, *politique distingué, homme d'état aussi célèbre qu'éclairé* (4); qu'après d'autres évènements tout aussi bien imaginés, le prince est venu à Paris, s'amuser à faire des chansons au bas des tours du Temple qui ren-

(1) Prisonniers du Temple, tom. 1, pag. 71.

(2) Prisonniers du Temple, tom. 1, pag. 112.

(3) Prisonniers du Temple, tom. 1, pag. 117 et suiv.

(4) Prisonniers du Temple, tom. 3, pag. 126.

fermaient sa cousine, Madame royale (1); qu'il s'est introduit jusque dans le cabinet de Robespierre (2); qu'il a pris part aux conciliabules dans lesquels on projetait le renversement de ce monstre (3); qu'il a été arrêté, sur la dénonciation d'un agent anglais, occupé à perdre les Bourbons les uns par les autres, le même que le roman a précisément présenté comme fabricateur des lettres que Mr. X. prend pour des pièces *authentiques* (4); qu'il se tira d'affaire en contre-faisant l'insensé (5), et que cependant il n'échappa au tribunal de Fouquier-Tinville, que par la révolution du 9 thermidor (6).

Ne serait-on pas tenté de croire que Mr. X. est dupe d'une mystification!

Qu'importe, dit néanmoins Mr. X; ces lettres ont été constamment considérées comme *au-*

(1) Prisonniers du Temple, tom. 3, pag. 16 et suiv., 70 et suiv.

(2) Prisonniers du Temple, tom. 2, pag. 138.

(3) Prisonniers du Temple, tom. 3, pag. 44 et suiv.

(4) Prisonniers du Temple, tom. 3, pag. 71.

(5) Prisonniers du Temple, tom. 1, pag. 54 et suiv.

(6) Prisonniers du Temple, tom. 3, pag. 77 et suiv.

*thentiques* (1). Rien de moins prouvé. Mais, au surplus, que ferait l'opinion des dupes?

Le Koran aussi passe pour être descendu du ciel, chapitre par chapitre; il n'est pas un vrai Musulman qui ne le croye, et cette *authenticité* en vaut bien une autre. Une telle évidence ne pourrait-elle pas décider Mr. X. à se faire Mahometan? Il y a de grands personnages qui n'en ont pas tant demandé pour embrasser l'islamisme.

Mr X. ajoute une seconde preuve; c'est que M. Regnault, auteur du Roman, les tenait du Directoire (2). Qui l'a appris à Mr X.? Je peux, moi, démontrer le contraire. M. Regnault existe; il est entré dans la carrière polémique, sur la révolution du mois de mars 1815: il vient d'imprimer une réfutation du *rapport fait par M. de Châteaubriant, à Louis XVIII*, « opposant à l'ascendant d'un nom fameux, l'influence d'un homme de bien, sûr que la » conscience vaut mieux que le génie, et » qu'avec un patriotisme sans reproche, on a » toujours un beau talent (3) »!

(1) Censeur, pag. 58, *note*.

(2) Censeur, pag. 58, *note*.

(3) Avant-propos de la Réfutation, pag. 5.

Avec ces dispositions, il n'aurait pas sans doute négligé d'écraser son adversaire, qu'il ne ménage pas, du poids de pièces *authentiques*, établissant d'une manière si irrécusable les crimes de Louis-Stanislas-Xavier.

M. Regnault, qui ne peut pas avoir fait à ses propres écrits l'injure de les oublier, qui ne pourrait douter que ces lettres ne soient véritables, s'il les avait tenues du Directoire exécutif, aurait-il omis d'en faire usage, aujourd'hui qu'elles serviraient si puissamment la cause qu'il embrase contre les Bourbons? M. Regnault, dont l'écrit a pour objet de prouver la justice et la nécessité de leur expulsion, se serait-il, contre sa conscience et l'évidence des faits qu'il aurait si bien connus, livré au plaisir d'embellir des plus aimables couleurs le portrait de Louis XVIII? Je crois en effet utile de transcrire ce morceau comme le démenti le plus formel aux inductions que Mr. X. ou tous autres voudraient tirer du roman de M. Regnault :

« Le gouvernement provisoire entre en » fonctions (le 1er avril 1814) : le sénat ré- » dige et proclame une constitution.

» La philosophie, le patriotisme de *Louis-*
» *Stanislas-Xavier* se retracent aux mémoires
» exercées. Ses lumières, son esprit aimable,
» son caractère conciliant, ses malheurs sur-
» tout, obtiennent sur les cœurs un empire
» d'autant plus doux, qu'il n'est commandé
» que par la conviction d'un bien pos-
» sible (1). »

Que, dans l'opinion de M. Regnault, ces espérances ayent été déçues, qu'il croye à tout ce que nous ont dit depuis trois mois les circulaires ministérielles, les déclarations du conseil d'état, les proclamations du gouvernement ; je n'entends point l'attaquer pour cela. Je ne peux blâmer en lui une liberté de sentiments que je réclame pour moi-même, mais je ne cesserai jamais de répéter que si M. Regnault avait cru Louis-Stanislas-Xavier coupable des crimes énoncés dans les lettres de son roman ; s'il avait cru ces lettres véritables, rien n'eût pu, surtout en mai 1815, lui arracher un éloge qui ne peut avoir été écrit par un homme convaincu

---

(1) Réfutation du Rapport de M. de Chateaubriant, pag. 56.

que celui qu'il peint est coupable des plus odieux forfaits.

Je n'hésite pas néanmoins à ajouter que, M. Regnault prétendît-il aujourd'hui qu'il tenait ces pièces du Directoire, je ne le croirais pas. Je lui dirais : « La preuve que ces lettres sont, comme le reste du roman, l'ouvrage de votre imagination, c'est que vous n'avez mis aucune note pour les en distinguer; pour annoncer que vous mêliez à des fictions quelques pièces véritables. Qu'aviez-vous à craindre? Les Bourbons ne régnaient point; le ciseau de la censure ne retranchait rien des écrits avant leur publication. Le gouvernement existant lorsque votre roman a été publié, était si peu l'ami des Bourbons, que les écrivains à ses gages n'en parlaient qu'avec haine et mépris. Vous êtes donc jugé par votre propre conduite; vous ne pouvez plus être cru à votre simple allégation ».

Je veux bien néanmoins supposer que M. Regnault ait, dès l'instant qu'il a publié son roman, annoncé que les lettres mises sous le nom de Louis-Stanislas-Xavier étaient de ce prince; cela suffirait-il? La postérité est-elle *obligée* de croire M. Regnault et même le Directoire exécutif sur parole? N'existe-t-il pas d'autres moyens que la voie des romans pour publier et transmettre aux générations des pièces de cette importance ?

Quand le Directoire exécutif découvrit la conspiration des Jacobins, dite de Babœuf, fit-il insérer les pièces attribuées aux accusés dans les romans du jour? Prit-il cette voie pour publier les pièces de la conspiration royaliste du mois de ventose an IV; de celles qu'il supposa en fructidor an V, en germinal an VI? Et pour prendre nos exemples dans l'objet qui nous occupe, n'est-ce pas dans les journaux officiels qu'il a fait insérer l'écrit trouvé chez Durand-Maillane?

Singulier phénomène d'inconséquence! Le Directoire emploie les journaux officiels pour publier une pièce anonyme, qui a besoin d'être appuyée de preuves, et c'est dans un roman qu'il ensevelit les pièces *authentiques*, qui prouveront la vérité de l'écrit anonyme publié officiellement!

Au surplus, qu'on montre ces lettres, qu'on nous apprenne comment elles sont parvenues, où elles sont! On ne perd pas des pièces aussi importantes; on les place avec grand soin dans les archives publiques; on les y conserve pour convaincre les incrédules qui ne se fient pas aux imprimés prétendus officiels. Qu'est-ce en effet qu'un journal officiel ? C'est un journal qui ne contient que des pièces avouées par le gouvernement ; il fait preuve contre lui, mais non en sa faveur. Lorsqu'il y publie des pièces, il ne peut plus les révoquer en doute, mais il n'en résulte pas qu'elles ne soient, ni fausses, ni altérées ; le gouvernement peut être trompé ou trompeur, et plus d'une fois dans la même année, dans le même mois, le journal officiel, qui n'est pas plus exempt d'inconséquence que les autres, s'est trouvé dire le pour et le contre.

Il me semble donc bien démontré, les gens sensés resteront bien convaincus, que les lettres mises sous le nom de Louis-Stanislas-Xavier, dans le roman de M. Regnault ne sont point de ce prince ; qu'il n'a jamais écrit au duc de Fitz-James pour déposer au parlement des pièces tendantes à élever des doutes sur la légitimité des enfants de Louis XVI.

Mais, indépendamment de ce qu'il n'est pas prouvé, ce fait a-t-il quelque vraisemblance ?

La manière seule dont Mr. X. raconte que le dépôt a été fait, en prouve la fausseté ; il assure qu'un grand nombre de membres du parlement en avaient connaissance, et que c'est même par ce motif que Robespierre, agent de *Monsieur*, les a fait périr, de peur qu'ils ne parlassent (1), quand tout le monde sait que leur crime était dans leur nom ou leur fortune, et le prétexte dans une protestation contre les décrets de l'assemblée constituante.

Quoi, ce prince, si profondément pervers, mais à qui, du moins, on ne refuse pas quelque bon sens, aurait mis dans sa confidence presque tout le parlement! Quoi, en 1788, temps où il n'était rien moins que certain qu'on aurait des états-généraux, et un bouleversement aussi complet que celui dont nous avons été témoins, il a confié son secret à tant de personnes, sans crainte de trouver parmi elles un dénonciateur, mû par l'espoir des récompenses, ou conduit par le seul sentiment du devoir!

Mais quand tous les conseillers dépositaires de ce secret seraient morts, tous les ducs et pairs au nom desquels on prétend que le dépôt fut fait n'ont pas péri. Deux entre autres ont été sénateurs de la République (2) depuis

---

(1) Censeur, pag. 76.

(2) MM. de Luynes et de Praslin.

la publication, et de l'écrit trouvé chez Durand-Maillane, et des lettres contenues dans le roman de M. Regnault. Eût-on manqué de faire attester par eux des faits qui pouvaient si bien absoudre des ducs et pairs de France de s'être faits républicains !

D'ailleurs, s'il est vrai qu'un dépôt ait eu lieu, il a dû en être dressé un acte; l'importance de l'objet, la qualité de ceux au nom desquels agissait le duc de Fitz-James, le commandaient. Où est cet acte? En a-t-on trouvé quelque mention sur les registres du parlement? Au moins allègue-t-on que Louis-Stanislas-Xavier a eu l'adresse de le faire disparaître? D'abord, ce n'aurait pu être que depuis la mort du jeune dauphin; car tant qu'il a vécu, la crainte qu'une révolution ne l'appelât au trône, devait faire conserver les moyens de l'en écarter. Ce serait donc depuis sa mort. On connaît le républicanisme de l'archiviste Camus, l'exacte probité de ceux qui lui ont succédé, ou qui lui servaient de collaborateurs.

En vérité, nous marchons d'absurdité en absurdité !

Résumons-nous. Mr. X accuse Louis-Stanislas-Xavier d'avoir voulu changer l'ordre d'hérédité, en privant son frère et son neveu du trône. Il a pour garant *un anonyme*, dont l'écrit a été publié par le Directoire exécutif, ennemi de ce prince, sans aucune preuve des allégations qu'il contient; les pièces justificatives de cet écrit sont prises dans un roman où elles sont elles-mêmes présentées comme *fabriquées* par un agent du gouvernement anglais, pour tromper un prince français, héros du roman.

Dans combien d'extravagances peut tomber la pauvre raison humaine, lorsqu'elle est égarée par les passions!

### *Deuxième Chef.*

Le second chef d'accusation est qu'en 1789 Louis-Stanislas-Xavier conspira contre le roi son frère, par l'intermédiaire de M. de Favras (1).

La seule preuve que produise Mr. X, est encore une lettre attribuée à Louis-Stanislas-Xavier dans le roman de M. Regnault (2). Ce que j'ai dit plus haut suffit pour qu'on l'apprécie.

Cependant je dois, sans néanmoins rien

(1) Censeur, page 57.

(2) Censeur, pages 57 et 58.

oser préjuger sur la culpabilité de M. de Favras, observer qu'il fut accusé d'avoir voulu enlever le roi, pour le soustraire à l'influence de l'assemblée nationale, et le mettre à même d'exercer librement son autorité devenue illusoire, depuis les trop malheureuses journées des 5 et 6 octobre 1789.

Un écrit de ce temps (1) dont la publicité força MONSIEUR à se justifier par une démarche officielle, accusait ce prince d'avoir voulu empêcher la révolution, mais non d'avoir voulu détrôner son frère. Quand il alla s'en expliquer à la commune de Paris, il ne supposa pas même, ni le maire dans sa réponse, que l'accusation eût cet objet.

Innocent ou coupable, M. de Favras, qui nia constamment tout ce dont on l'accusait, fut condamné *pour avoir conspiré contre la révolution dans l'intérêt du pouvoir royal*, et non d'avoir *conspiré et voulu faire insurrection contre le roi* (2).

*Troisième Chef.*

Les frères de Louis XVI, et surtout Louis-

(1) Moniteur 1789, n° 128.

(2) Moniteur 1790, n°s 51, 52.

Stanislas-Xavier, sont accusés par $M_r$. X. d'être les véritables auteurs de sa mort (1).

Un crime de cette espèce a paru si peu vraisemblable à l'accusateur, qu'il a été forcé de convenir que c'était une chose *généralement méconnue*, et que *l'opinion contraire était très-accréditée.*

Il en aura conclu sans doute qu'il était d'autant plus obligé d'apporter des preuves incontestables. En effet, ce que tout le monde sait n'a pas besoin d'être prouvé ; mais *ce que personne n'a connu*, mais *l'opposé de tout ce qui a été cru jusqu'à ce moment*, doit être rendu aussi clair que le jour.

C'est aussi sur cette partie de son travail que Mr. X. cite le plus de pièces justificatives.

D'abord il conclut des premières allégations qu'il croit avoir prouvées, qu'on peut, *sans être téméraire*, accuser Louis-Stanislas-Xavier d'avoir conspiré la perte du roi son frère (2).

J'avoue que s'il est prouvé que ce prince ait formé le projet odieux de priver du trône

(1) Censeur, page 43 et suiv.

(2) Censeur, page 59.

le dauphin son neveu, s'il a conspiré avec Favras contre le roi son frère, rien de plus simple que de le présumer coupable du dernier des forfaits.

Ainsi que la vertu le crime a ses degrés.

Mais si les deux premiers crimes ne sont pas prouvés, est-il contraire à la bonne logique de conclure que l'accusation du troisième est *téméraire* ?

Cependant, puisque les choses les plus invraisemblables peuvent quelquefois se trouver vraies, voyons si ce troisième crime est mieux établi que les deux autres.

La première preuve qu'en donne Mr. X., consiste dans trois passages extraits d'un recueil intitulé *Correspondance originale des émigrés*, imprimé en 1792, et que l'éditeur annonce être composé de lettres prises par le général Kellerman à Longwy et à Verdun, dans le porte-feuille de MONSIEUR et dans celui du sieur Ostone, secrétaire du ministre Calonne.

La conformité des extraits avec les originaux est certifiée par *Anacharsis Cloots* et *Hérault de Sechelles*. On n'accuserait pas d'un excès de défiance celui qui, nonobstant cette garantie, demanderait encore à voir ces originaux ! Cependant j'en suppose l'existence, et je raisonnerai sans autre vérification.

Le premier passage est extrait d'une lettre écrite par la sœur d'un M. de Lambertie, à son frère, émigré (1).

Inquiète sur l'effet des conférences entre Dumouriez et le roi de Prusse, cette dame, qui demeurait en France et qui pouvait croire avec d'autres que Dumouriez voulait faire nommer le duc d'Orléans, roi; cette dame, qui n'ignorait pas que certains journalistes mettaient en avant l'idée d'une dictature, d'un changement de dynastie (2), paraît craindre que le roi de Prusse ne se borne à sauver la personne de Louis XVI, et ne s'occupe pas d'épargner à la France le malheur et la honte d'obéir au duc d'Orléans.

Tel est le sens naturel de ce passage :

» On ne conçoit rien aux conférences du
» roi de Prusse avec Dumouriez. On parle
» d'un accommodement; cela ne me paraît

---

(1) Censeur, page 61.

(2) Moniteur 1792, n° 361. — *Id.* an II, n° 192.

» guères possible, à moins que l'on ne regarde » le royaume pour rien du tout, et qu'on n'ait » le projet de conserver les jours du roi de » France. »

Au surplus, quelque sentiment qu'on suppose à la sœur de M. de Lambertie qui écrivait de France à son frère servant à l'armée des princes, quelle preuve peut-il en résulter contre ces mêmes princes? Comment et pourquoi cette dame, qui n'était pas émigrée, aurait-elle eu leur confidence?

La deuxième citation est un passage d'une lettre attribuée à M. Lespinasse-Langeac, émigré (1). Il dit, si j'en crois l'auteur du recueil, page 119 : « Le roi de France a appris, avec sa *ladrerie* ordinaire, qu'il n'é» tait plus roi. »

Si M. Lespinasse-Langeac existe, il peut assurément s'inscrire en faux contre un passage qui ferait tort à son esprit; car qu'est-ce qu'*apprendre, avec ladrerie, une nouvelle?* On appelle *ladrerie* l'avarice poussée au point le plus extrême; or quand on apprend une nouvelle accablante, est-il possible qu'elle fasse

(1) Censeur, page 62.

éprouver le sentiment d'une basse avarice? Le mot *ladrerie* aurait-il été mis pour signifier *lâcheté, poltronnerie?* Je tiens pour impossible qu'un gentilhomme français ait pu se servir d'une telle expression relativement à Louis XVI; mais ce dont je suis plus sûr encore, c'est qu'elle est contraire à la vérité.

Qu'importe, au surplus, ce qu'un émigré ait écrit? Mr. X. a trop de bon sens pour en conclure que cela prouve quelque chose contre les princes.

Un troisième passage est extrait d'une lettre d'un abbé Martin, chanoine de Verdun; le voici (1):

» Il y a eu transaction entre Dumouriez et
» le roi de Prusse; il est convenu de livrer
» Louis XVI. Cela n'opérera pas précisément
» ce que nous appelons la contre-révolution:
» les scélérats resteront maîtres du terrain. »

Aux yeux de tout homme de bon sens, l'abbé Martin annonce d'abord que, par l'effet de la transaction, Louis XVI sera livré au roi de Prusse, aux puissances qui désiraient tant empêcher sa condamnation: ce qui d'abord

(1) Censeur, page 61.

sauvera la personne royale ; mais ce qui, dans le fait, ne sauvera pas le royaume, ce qui ne fera pas la contre-révolution que désire l'abbé Martin; car ceux qu'il appelle scélérats resteront toujours maîtres du terrain : rien de plus clair.

Que dirait un lecteur de bonne foi à qui on apprendrait qu'*un historien* a trouvé dans ce passage la preuve que le roi de Prusse consentait au sacrifice de Louis XVI ?

C'est cependant ce qu'assure littéralement Mr. X. « La cour de Coblentz parvint, dit-il, par » l'entremise de Dumouriez, à faire consentir » le roi de Prusse au sacrifice de Louis XVI. »

M. X. n'a pas cru probablement que la postérité se contenterait de ces preuves. Il appelle à son secours l'auteur d'un livre intitulé : *Histoire secrète de Coblentz.* Ce livre, d'abord anonyme, ensuite attribué à M. de Montgaillard, porte sa réprobation sous l'un ou l'autre point de vue.

Est-il anonyme ? L'auteur en ne se faisant pas connaître, et aussi en ne donnant aucunes preuves de ses assertions ne peut espérer d'être cru.

Est-il de M. de Montgaillard ? Cet écrivain dont les journaux de 1814, les uns plaisamment, les autres avec l'indignation qu'inspire la lâcheté ou l'impudence ont dépeint les variations, M. de Montgaillard a retracté tout ce qu'il avait dit contre les Bourbons. Il a déclaré qu'il avait toujours été à leur service ; que c'était ou pour tromper ceux qui l'avaient contraint à écrire contre ces princes, ou pour mieux se couvrir qu'il en avait dit du mal (1). Qu'on juge de la confiance que peut mériter un tel écrivain !

Et qu'on ne croye pas que M. de Montgaillard ait attendu 1814 pour faire l'éloge des Bourbons. Ses écrits publiés en 1795, 1796, 1797, sous les titres: *Etat de la France ; Conjectures sur les suites de la révolution ; Nécessité de la guerre*, sont la meilleure réponse au mal qu'il en aurait dit avant et depuis.

Au surplus, il suffit de lire cette prétendue histoire, publiée d'abord en 1793, et réimprimée *secrètement* en 1814, dans la même intention qui fit aussi, à la même époque, réimprimer *secrètement* l'écrit trouvé chez Durand-Maillane, pour être convaincu du profond mépris qu'elle mérite. Cette histoire

(1) *De la restauration de la monarchie des Bourbons*, par M. le comte de Montgaillard. Paris, 1814, 1 vol. *in*-8°.

n'est, à vrai dire, qu'une diatribe contre le ministre Calonne; et encore y présente-t-on ce ministre, moins comme la cause directe de la condamnation de Louis XVI, que comme l'auteur d'une foule d'intrigues qui ont fini par amener la guerre civile et la chûte du trône.

Mr. X. l'a fort bien senti: il ne s'est pas dissimulé qu'on pouvait douter de l'impartialité d'un écrivain, qui, de son propre aveu, *avait à se plaindre du ministre Calonne* (1). C'est dans cette crainte qu'il fait enfin marcher sa réserve, et qu'il produit des lettres de Louis XVIII lui-même.

Il en transcrit deux (2), qui, si elles étaient de ce prince, prouveraient effectivement qu'il a pris une part active à la mort de son frère, en achetant avec l'or de l'Angleterre, soixante membres du parti le plus exagéré et le plus influent de la convention (3); qu'il s'en est réjoui lorsqu'elle a eu lieu, et qu'il a écrit dans ce sens à son frère le comte d'Artois.

Cette corruption de membres de la conven-

(1) Censeur, page 49.
(2) Censeur, pages 63, 64.
(3) Censeur, page 65.

tion pour arracher à leurs collègues la condamnation de Louis XVI, est-elle vraisemblable? N'existe-t-il aucun de ces députés dont l'influence dans la convention, et sur-tout lors du procès de Louis XVI, est attestée par leurs propres écrits et par les journaux du temps, dont les menaces audacieuses intimidèrent, dont les sophismes adroits séduisirent les faibles? En effet, je le dis avec une satisfaction qui console au milieu de tant de souvenirs douloureux, la majorité des votants fut malheureusement subjuguée; plusieurs ont fait oublier par leurs regrets, et, ce qui vaut mieux encore, par mille bonnes actions, un vote prononcé en tremblant sous l'influence des poignards.

Comment les hommes qui auraient si bien gagné leur récompense ne l'ont-ils pas reçue, lorsque celui qu'ils ont servi au prix de leur conscience, est enfin arrivé à ce trône acheté par tant de crimes? Diront-ils que le roi de France ne s'est pas souvenu de ce qu'il devait à ceux qui s'étaient chargés du rôle d'assassins pour les intérêts de MONSIEUR, et que ce prince a porté l'ingratitude jusqu'à les accuser et les punir (1)?

C'est bien en effet ce que veut faire en-

(1) Censeur, pages 66 et 67.

tendre Mr. X., lorsqu'il dit qu'on a vu ces princes « feignant de n'être pas encore » depuis vingt-deux ans, consolés de cette » perte, concevoir noblement le projet et » disposer avec maladresse le plan d'exécu» tion d'un massacre des conventionnels vo» tants et de plusieurs autres, comme un » sacrifice expiatoire offert aux mânes de ce » roi défunt, massacre qui devait, dit-on, » illustrer la cérémonie funèbre célébrée le 21 » janvier dernier » (2).

Ces derniers mots nous donnent, au surplus, la mesure de sa critique ou de sa bonne foi. C'est d'après un *dit-on* qu'il accuse des hommes, qui ne peuvent se défendre, *d'un projet de massacre expiatoire*, que toutefois l'événement a démenti ; il ne lui faut, pour appuyer une imputation aussi atroce, que des *bruits publics*, si l'on peut appeler ainsi ce que Mr. X. lui-même, peut-être, et quelques-uns des siens auront répandu, pour se ménager ensuite les moyens de le redire comme simples narrateurs dans des notes prétendues historiques (1)!

---

(1) Censeur, page 75.

(2) Censeur, Avertissement.

Mais pourquoi ces bons serviteurs, si mal récompensés, n'ont-ils pas élevé la voix pour dénoncer à l'indignation publique le véritable auteur du crime qu'on leur imputait, et son ingratitude ? S'ils ne l'osaient pas avant le 20 mars dernier, les événements qui ont eu lieu à cette époque ne leur ont-ils pas rendu la liberté exclusive de parler ?

Rien de tout cela ! Un écrit a été publié par un des membres les plus influents de la convention : distribué secrètement sous le règne des Bourbons, il est colporté depuis trois mois avec une profusion et une persévérance indicibles ; on le voit dans toutes les boutiques, dans les voitures des colporteurs ambulants, sur tous les quais, et jusques dans les mains des mendiants. Cet écrit a pour objet principal d'expliquer et de justifier la condamnation de Louis XVI ; et cependant on n'y trouve pas un mot des révélations contenues dans l'écrit anonyme prétendu trouvé chez Durand-Maillane, et si complaisamment répétées par Mr. X !

Peut-on croire que M. Carnot eut négligé des moyens aussi puissants pour soutenir sa cause, lui qui n'en a pas dédaigné de bien plus faibles ? Eh qui mieux que lui aurait pu garantir l'authenticité des lettres insérées au roman de M. Regnault

Warin, puisqu'il a été Directeur, et que les archives nationales se trouvent aujourd'hui dans les attributions de son ministère!

L'invraisemblance prouvée, arrivons au fait.

Dans quelle source Mr. X., a-t-il puisé cette fois? Encore dans le roman déjà cité de M. Regnault Warin. J'ai donc réfuté d'avance toutes ces pièces en prouvant que l'ouvrage d'où elles sont tirées est une pure fiction; que jamais elles n'ont été publiées comme sérieuses dans le moindre des journaux; que nul écrivain, avant Mr. X. et l'auteur de la *Correspondance secrète*, ne s'était avisé de les produire comme *authentiques*, quoiqu'elles soient imprimées depuis quinze à dix-huit ans.

Je dois néanmoins ajouter quelque chose qui achèvera d'en prouver la fausseté. La première de ces lettres porte la date du 28 décembre 1792; la seconde celle du 30 janvier 1793. On suppose dans toutes deux le comte d'Artois en Angleterre, et dans la première on lui reproche de ne pas assez faire sa cour à Pitt. Or à cette époque, le comte d'Artois était à Ham, en Westphalie. C'est là qu'ayant appris la mort du Roi son frère, le 28 janvier 1793,

Louis-Stanislas-Xavier, proclama Roi, le jeune dauphin, se déclara régent, et nomma le comte d'Artois lieutenant-général du royaume. Les pièces historiques qui constatent ces diverses assertions existent, non dans les romans, mais dans tous les journaux du temps (1).

Depuis cette époque, le comte d'Artois a voyagé dans diverses cours du nord de l'Europe, et n'est arrivé à Londres qu'en août 1795 (2).

Je ne sais si Mr. X., avait prévu ces difficultés ; mais il est difficile de deviner comment il pourrait les résoudre.

Il cherche une nouvelle preuve dans la fameuse pièce de Durand-Maillane, où l'on dit : *c'est le dehors qui a dirigé Robespierre ; il était entouré d'agents de Monsieur* (3) ; et comme parmi les orateurs qui entraînèrent la condamnation de Louis XVI, Robespierre fut aussi remarquable par sa férocité, que quelques autres le furent par la perfidie de

(1) Moniteur de 1793, nos 23, 57, 67.

(2) Moniteur de 1793, nos 117, 121. — *Id.* de 1795, nos 206, 217, 335.

(3) Censeur, page 95.

leurs arguments et la souplesse de leur dialectique, Mr. X. en conclut que Robespierre agissait pour Louis-Stanislas-Xavier.

Nous avons vu que cet écrit ne méritait aucune confiance et parce qu'il était anonyme, et parceque ceux qui l'ont publié dans leurs journaux officiels en ont si bien senti l'absurdité ( si tant est que ce ne soit pas une supercherie de leur part ), qu'ils ont été dix-huit ans sans oser le tirer de l'oubli dans lequel il était tombé.

Mr. X. qui ne se dissimule pas la nécessité de pièces justificatives, mais à qui le roman de M. Regnault Warin n'offre plus la précieuse ressource des lettres autographes, se retranche dans la *vraisemblance* et les *explications satisfaisantes*(1). « Des personnes dignes de foi lui ont » assuré que MONSIEUR, ou Louis XVIII, était » en correspondance continuelle avec Robespierre ; que ce prince lui écrivait à peu » près en ces mots : *il faut nous débarrasser* » *de tous ces patriotes , il faut que la guillotine aille encore* ».

Eh ! où sont ces personnes dignes de foi ?

(1) Censeur, page 95.

Si Mr. X. les connaît, il doit les nommer ; car ce n'est pas un libelle diffamatoire qu'il a entendu composer, ce sont des *notes pour l'histoire* (1). Tant qu'il ne nommera pas ces personnes, j'aurai droit de soutenir qu'il est seul auteur de cette imputation atroce ; et comme je lui ai déjà prouvé toutes les erreurs qu'il a commises, sinon sciemment, au moins par une grande légèreté, j'ai le droit de soutenir qu'il ne mérite aucune confiance.

Peut-être, cependant, Mr. X. a-t-il voulu, sous cette qualification de personnes dignes de foi, désigner un M. Rousseau, ancien conventionnel, membre des législatures républicaines, puis sénateur, qui, dix jours après que le Directoire eut fait insérer dans le moniteur du 20 germinal an 6, la pièce anonyme trouvée chez Durand-Maillane, écrivit une longue lettre (2), pour assurer que cette pièce anonyme *lui paraissait expliquer d'une manière très-satisfaisante* les évènements de la révolution, et l'intelligence des princes

(1) Censeur, Avertissement.

(2) Moniteur de l'an VI, n° 200.

émigrés avec les auteurs des crimes qui se commettaient en France.

Cette lettre, trop longue pour que j'en discute tous les passages, est un chef-d'œuvre de crédulité, dont l'excès se fait remarquer dans un temps où la crédulité des administrés, et l'impudence des gouvernants étaient cependant le caractère le plus remarquable de la révolution française.

Sans autre preuve que des possibilités, M. Rousseau paraît croire naïvement que rien ne s'est fait pendant la révolution que par ordre de la cour de Coblentz (1).

Non-seulement il ne doute point que Louis XVI n'ait été sacrifié à l'ambition de ses frères (2) : mais c'est encore pour leur plaire qu'on égorgeait tous les riches ; les uns, afin de les punir de n'avoir pas émigré ; les autres parce qu'ils avaient plus ou moins désiré la réforme des abus. Il oublie que le secret de ces assassinats avait été dit avec une franchise d'atrocité, que nos neveux n'oublieront jamais, par ceux qui assuraient qu'on *battait monnaie sur la place de la révolu-*

(1) Censeur, pages 77 et suiv.

(2) Censeur, page 78.

*tion*, et que *les morts seuls ne revenaient pas*.

Il n'est pas jusqu'au supplice de ces hommes de sang, qui, tour-à-tour usurpateurs et victimes, passaient si rapidement du sommet de la faveur populaire à l'échafaud, qui ne soit, aux yeux de M. Rousseau, le fruit des proscriptions dont la liste était arrêtée à Coblentz (1); quoique depuis long-temps Coblentz fût occupé par les troupes républicaines !

La plume se refuse à répéter tant d'absurdités ! Je crains que le lecteur ne m'accuse de faire injure à son bon sens en les réfutant sérieusement.

Mr. X. lui-même paraît au surplus s'être défié de cette espèce de preuves, et, tout en croyant que ces témoignages présentent de la vraisemblance, il avoue qu'ils ont peu d'authenticité, et déclare qu'il ne prétend pas s'en appuyer (2). C'était bien la peine de les transcrire !

Mais ne trouvant plus de pièces vraies ou fausses sur lesquelles il puisse fonder,

---

(1) Censeur, page 81.

(2) Censeur, page 95.

d'une manière, telle quelle, cette prétention que Louis-Stanislas-Xavier ait entretenu des liaisons avec Robespierre, Mr. X. dit comme le loup de la fable :

> Si ce n'est toi, c'est ton frère,
> Ou bien quelqu'un des tiens.

Il assure que Robespierre s'entendait avec des royalistes, des émigrés, qu'il servait ce parti (1). Il prend la première de ses preuves dans le rapport fait à la convention nationale après la mort de ce député, sur les pièces trouvées dans son domicile. Le passage qu'il transcrit semblerait indiquer que Robespierre se préparait à fuir en pays étranger, avec la fortune qu'il avait amassée (2).

Rien de moins prouvé : mais Robespierre avait commis tant de crimes, qu'on n'appelait pas encore de ce nom, dans la convention où dominaient ses complices des comités de salut public et de sûreté générale, que personne ne s'avisa d'examiner la vraisemblance de l'accusation ; avec d'autant plus de

---

(1) Censeur, page 102 et suiv.

(2) Censeur, pages 96 et 97.

raison que l'accusé avait, par provision, été mis à mort.

Au surplus, que ce projet ait été véritable, ou que le neveu de Danton (1), désireux de venger son oncle égorgé par Robespierre, comme complice de la faction de l'étranger, ait voulu rejeter la même accusation sur la mémoire de son ennemi, il n'en résulte point que Robespierre correspondît avec des émigrés, travaillât pour Louis-Stanislas-Xavier; que ce prince s'entendît avec Robespierre, eût des agents auprès de lui.

En admettant la vérité de la lettre que cite le rapporteur comme trouvée dans les papiers de Robespierre, on ne pourrait en conclure rien autre chose, sinon que, las de crimes et voulant jouir en repos du fruit de ses rapines, ce monstre songeait à quitter un pays où le *capitole* était si voisin de *la roche tarpéienne*, et, pour employer les expressions de la pièce produite, où *le sopha de la présidence* n'était pas loin de la *guillotine*. Mais on n'y lit pas un mot de royalistes, d'émigrés, de connivence avec eux, d'efforts, de crimes commis en leur faveur.

---

(1) Courtois, rapporteur.

Mr. X. qui n'a pu se le dissimuler, a recours aux propos de société : « Un homme, que je » ne suis pas autorisé à nommer, dit-il, et dont » le témoignage est digne de la plus grande » confiance, assure qu'étant en Suisse, dis- » courant avec un prêtre français déporté, qui » paraissait initié dans les intrigues les plus » secrètes, et déplorant les maux que causait » *Robespierre* à la France, il fut bien surpris » d'entendre le prêtre lui répondre : *Vous* » *avez tort de vous plaindre*; Robespierre *va* » *comme il doit aller; nous sommes contents* » *de lui* (1) ».

Robespierre n'était pas, à ce qu'assure M. X., le seul ami des émigrés : ils assuraient que « personne ne servait leur cause » mieux que Marat; ils l'appelaient même l'ami » Marat, si l'on en croit une lettre qu'il » prétend lui avoir été écrite de Suisse le 6 » août 1793 (2).

D'un autre côté, « un ex-constituant, mem- » bre de la convention, qui remplit aujour- » d'hui une place distinguée dans l'Etat, lui

(1) Censeur, page 98.

(2) Censeur, page 110.

» a assuré qu'il fut un jour introduit parmi » plusieurs des agents de Coblentz. Il fut fort » étonné d'y entendre ces nobles parler avec » intérêt de *Chaumette*, et de quelques au- » tres, faire l'apologie des services qu'ils ren- » daient aux princes ; M. *Chaumette est un* » *de nos amis ; il nous sert bien*, dit un de » ces Messieurs. A ces mots, un autre répon- » dit : *il n'en fait pas encore assez, il faut* » *que les excès aillent plus loin* (1).

Quoi ! ces Messieurs n'ont pas senti, Mr. X n'a pas vu que les auteurs de ces propos (en supposant toutefois qu'ils ayent été tenus), ne faisaient que traduire dans un autre langage, et avec cette sorte de légèreté et d'enjouement, qui semble ne pouvoir jamais abandonner un Français, dans les plus affreux moments, cette phrase si vraie de Vergniaud : *La révolution est comme Saturne, elle dévore ses enfants* ; et cette autre encore plus énergique de Champfort : *Nous avons trouvé un labyrinthe au fond d'un abîme ?*

Ils n'ont pas vu que les hommes de la révolution se divisant pour en partager les dépouilles,

(1) Censeur, page 114.

et chacun songeant à égorger l'autre pour rester maître, c'était en quelque sorte une consolation pour les victimes, de voir les bourreaux s'assassiner entr'eux ; que ces excès leur faisaient espérer la fin de la révolution, par la fin des révolutionnaires, et le retour du peuple à la monarchie, par la lassitude des crimes commis au nom de la république !

Cette sorte d'expression est assez commune. J'ai entendu un prince répondre, au mois de mai 1814, à de ridicules courtisans qui se vantaient d'une fidélité qu'ils n'avaient pas eue, et de services qu'ils n'avaient pas rendus : *Napoléon seul a travaillé pour nous ;* ce qui signifiait avec beaucoup de sens et d'énergie que les fautes du gouvernement impérial avaient fait penser à la famille des Bourbons depuis long-temps délaissée.

Des conversations rapportées par des hommes qu'il ne nomme pas, Mr. X. passe aux écrits ; sera-t-il plus heureux ?

Il cite, comme une preuve de l'intelligence entre Robespierre et les royalistes, une lettre atttribuée à un agent des chouans, datée du 23 octobre 1794. « Cette lettre, dit-il, a été écrite » peu de temps après la mort de Robespierre, » tout porte à croire que c'est lui dont il re-

» grette si vivement la perte, et que l'on craint » de ne pouvoir remplacer (1). Il avoue néanmoins que quelques obscurités se présentent dans le fragment qu'il cite.

Cette lettre est imprimée dans un recueil intitulé : *Correspondance des Chefs de la Vendée*, imprimé en l'an VII. Si Mr. X. l'eût examinée avec la simple attention grossière qu'apporte un paysan à l'inspection de la pièce de monnaie qu'on lui donne, pour s'assurer qu'elle n'est pas fausse, il eût reconnu que cette lettre portait dans elle-même le signe de la fausseté ; et ce signe est si visible, l'anachronisme est si grossier, qu'on ne sait que penser de ceux qui paraissent ne l'avoir pas aperçu. Cette lettre est du 23 novembre 1794, environ deux mois et demi après le 9 thermidor an II (2). Cependant on y parle de la mort du malheureux enfant qui n'a régné que dans les fers ; Louis XVIII y est indiqué comme devenu successeur de cet enfant! Comment Mr. X. n'a-t-il pas conclu que le fils de Louis XVI, n'étant mort que le 20 prairial an III (8 juin

(1) Censeur, page 102.

(2) Censeur, page 99.

1795), on ne devait pas ajouter foi à une lettre datée du 23 novembre 1794, qui parlait de cet évènement postérieur de plus d'une année?

En vérité, Mr. X. ne prend guère soin d'épargner l'embarras à cette postérité pour qui il déclare avoir recueilli ses notes historiques !

Il me semble qu'avec une démonstration de cette espèce, on est dispensé de toute autre.

Peut-être Mr. X. dira-t-il qu'il y a faute de date, et qu'au lieu de 23 novembre 1794, il faudrait, 23 novembre 1795. Il n'en sera pas plus avancé ; la lettre se détruira encore elle-même par une autre espèce de fausseté. On y parle d'avoir un agent dans la convention ; or, la convention n'existait plus en novembre 1795. On y parle de la chute récente de Robespierre, ce qui donne à Mr. X. occasion d'observer qu'elle est écrite deux mois et demi après la mort de ce monstre (1) ; or, en 1795, il y avait quinze mois que Robespierre n'était plus.

Ainsi absurdité dans toutes les hypothèses, et par conséquent preuve que la pièce est une

---

(1) Censeur, page 99.

de ces mille et une supercheries dont nos jongleurs politiques ne se sont pas fait scrupule depuis vingt-cinq ans.

Je crois avoir assez clairement démontré que les accusations de Mr. X., contre les frères de Louis XVI, sont fausses.

S'il m'en coûte de ne pouvoir plus croire à la bonne foi de l'écrivain que je réfute, et de lui soupçonner quelque très-grave intérêt à rejeter sur d'autres la mortde ce monarque, je le plains bien d'avantage d'avoir si mal choisi. Que n'a-t-il suivi dans sa recherche la marche que lui-même indique ?

» C'est un principe admis, dit-il, dans la
» théorie de la critique, que lorsque l'auteur
» d'un évènement est inconnu, on peut, avec
» vraisemblance, conjecturer que celui qui
» avait le plus d'intérêt à produire cet évène-
» ment en est l'auteur (1).

Après avoir posé cette maxime d'une critique judicieuse, dont l'application peut servir souvent à résoudre des problèmes historiques d'une grande difficulté ; après en avoir conclu que les crimes d'août et septembre 1792,

---

(1) Censeur, page 89.

de janvier 1793, n'ont pu être que le fruit des instigations d'un parti intéressé à détrôner Louis XVI, Mr. X. demande quels peuvent être les intéressés, si ce ne sont les frères de ce monarque. « Serait-ce, dit-il, le » parti d'Orléans » (1)? Et comme s'il se repentait d'avoir prononcé ce mot, il s'empresse de dire dans son avertissement, qu'un homme d'état à qui il a communiqué son travail, a assuré qu'il était exact, sauf en ce qui concerne les soupçons sur le duc d'Orléans, que cet *expert* dans la révolution assure n'avoir jamais fait de tentatives pour être roi (2).

Je n'ai point l'intention d'approfondir ce nouveau problème. Mais lorsqu'on se souvient que le buste du duc fut, dès les premiers jours de la révolution, porté en triomphe dans Paris, quand on insultait la famille royale, quand on forçait le comte d'Artois à fuir devant les massacres populaires, quand on accusait Monsieur de conspirer avec Favras contre la révolution; lorsqu'on rapproche la

---

(1) Censeur, pages 90 et 91.

(2) Censeur, avertissement.

conduite de ces Princes, et l'utilité dont pouvaient être, pour l'un ou pour l'autre, ceux des évènements de la révolution qui ont le plus contribué à la perte de Louis XVI, le doute de l'homme d'état consulté par M. X. paraîtra-t-il être celui d'un homme de bonne foi ?

Est-ce MONSIEUR, ou bien le duc d'Orléans que des témoins graves ont déclaré avoir vu dans les rangs des assassins des 5 et 6 octobre (1)? Est-ce de MONSIEUR, ou bien du duc d'Orléans que Mirabeau parlait, lorsqu'il eut l'audace de dire au président de l'Assemblée nationale : Qu'importe que le Roi de France s'appelle *Louis* ou *Philippe* (2)! Est-ce MONSIEUR, ou le duc d'Orléans, que la procédure instruite au Châtelet désignait ? Est-ce en faveur de MONSIEUR, ou bien du duc d'Orléans que Marat ( et ce nom rappelle tous les crimes) dénonça le Châtelet, qui avait trop bien suivi et trouvé le fil de la conspiration (3)? Quel prince du sang, peu de jours après que des factieux eurent emprisonné son parent,

(1) Procédure du Châtelet sur ces évènements.

(2) Même recueil.

(3) Moniteur de 1790, n° 23.

son roi, que la nature et la loi lui ordonnaient de défendre jusqu'à la mort, abjura l'auguste nom de Bourbon, et prit celui d'*Egalité?* Le duc d'Orléans! Quel prince du sang fut avec Marat, Danton, Robespierre et les autres membres de *cette assemblée d'hommes justement abhorrés*, *appelée commune de Paris* (1), élu député à la convention nationale, qui s'installait sur les débris du trône, et sur les cadavres des victimes d'août et de septembre? Encore le duc d'Orléans! Quel membre de cette convention fit frémir d'horreur ses propres complices, lorsqu'il vota la mort de son parent, de son roi? Toujours le duc d'Orléans!

Pour qui enfin, si ce n'est pour lui, le seul des Bourbons resté en France, Marat proposait-il de mettre à prix la tête de tous les membres de cette noble et infortunée famille qui avaient été forcés de fuir (2)?

Ce n'est cependant que dans des pièces officielles que j'ai pris au hasard ce petit nombre de faits; que serait-ce, si je rappelais tout ce qui a été dit, imprimé, dans des écrits

---

(1) Censeur, page 67.

(2) Moniteur de 1793, nos 104, 105, 122, 140, 188.

autrement accrédités que le papier prétendu trouvé chez Durand-Maillane ? si je recueillais une foule d'*anecdotes*, de *conjectures*, de *vraisemblances*, bien autres que celles qu'a remarquées M. Rousseau ?

Je m'arrête : je veux atteindre mieux que Mr. X. l'objet qu'il prétend s'être proposé « de ne » point éveiller les passions, de ne point » accuser quelques hommes corrompus ou » corrupteurs (1) !

Quel sera le sort de cet écrit ? Jouira-t-il de l'honneur auquel Mr. X. a destiné son ouvrage ? Servira-t-il à éclairer l'histoire (2) ? Je le désire pour l'importance de la question, pour la justice de la cause que j'ai défendue. Je ne peux l'espérer, quand je considère combien mes moyens sont au-dessous de mon sujet; quand je me suis vu forcé, par un sentiment bien excusable, à mettre moins de temps à la rédaction, que je n'en ai employé à la recherche des preuves citées au bas de chaque page.

Mais puisqu'aucun espoir de vanité ou d'intérêt personnel ne m'a fait prendre la plume,

(1) Censeur, page 139.

(2) Censeur, page 139.

puisque le seul amour de la vérité, sans égard aux événements politiques ; de la justice, sans acception des personnes, m'a dirigé ; j'aurai atteint le seul but qui puisse être envisagé par un honnête homme, si mes essais inspirent à quelqu'écrivain habile, l'idée de revêtir cette ébauche des charmes du style et des ornements de la véritable éloquence.

Plus heureux encore si, malgré son imperfection, cet écrit est lu par la jeunesse dont on s'étudie à corrompre l'esprit et le cœur ; qu'on cherche sans cesse à tromper sur les vérités de fait, comme sur celles de la morale, pour l'intéresser à la défense de crimes dont elle a eu le bonheur de n'être pas témoin, pour lui faire adopter ces principes affreux, qui lui ramèneraient encore des maux dont nous sommes à peine sortis !



**P. P. D. D.**

*Paris*, *ce* 15 *juin* 1815.

---

De l'Imprimerie de C.-F. PATRIS, rue de la Colombe, en la Cité, n° 4.

www.ingramcontent.com/pod-product-compliance
Ingram Content Group UK Ltd.
Pitfield, Milton Keynes, MK11 3LW, UK
UKHW021139230726
13926UKWH00002B/876